# Spezialeffekte im Film

Jane Campbell

# Inhalt


Verschwinde-Tricks ........ 4

‚Motion-Capture‘ ........ 6

„Animatronics“ ........ 8

Miniaturen ........ 10

Übergroße Modelle ........ 12

Die Kunst der Maskenbildner ........ 14

Tolle Tricks beim Filmen ........ 16

Computeranimationen ........ 20

Echt unecht! ........ 22

Worterklärungen ........ 23

Stichwortverzeichnis ........ 24

Die **fett** gedruckten Wörter werden auf Seite 23 erklärt.

Seit der Erfindung des Kinos vor mehr als 100 Jahren, haben Spezialeffekte dazu beigetragen, Filmen ihren Zauber zu verleihen. Experten für Spezialeffekte und Techniker sorgen dafür, dass scheinbar Unmögliches ganz real wirkt.

Begleite uns hinter die Kulissen und lerne ein paar Fachmänner für Spezialeffekte kennen. Entdecke, wie ihr Berufsalltag aussieht und erfahre etwas über ein paar ihrer Tricks.

Dank eines Spezialeffekts sieht es so aus, als ob der Elefant über ein Auto trampeln würde.

# Verschwinde-Tricks

Ein Schauspieler wird vor einer blauen oder grünen Leinwand gefilmt. Das Filmmaterial reagiert empfindlich auf die Farben Blau oder Grün, sodass die Leinwand im Film nicht zu sehen ist.

Wenn die Szene später auf dem Bildschirm zu sehen ist, wird es so aussehen, als stünde der Schauspieler vor einem Hochhaus.

## Etwas ausblenden

Leinwände sind entweder blau oder grün, weil diese Farben sich am besten von der Haut abheben.

Ich heiße Karen und arbeite mit der ‚**Bluescreen**'-Technik. Gestern mussten wir den Schauspieler „verschwinden" lassen. Während wir ihn filmten, trug er einen blauen Ganzkörperanzug unter seiner Kleidung, sodass Teile seines Körpers unsichtbar wurden.

Außer kurzen Hosen und einem T-Shirt trug der Schauspieler Schuhe, Handschuhe und einen Hut. Im fertigen Film war nur Kleidung zu sehen, die die Straße hinunterrannte! Es sah fantastisch aus.

Spezialeffekte werden verwendet, um Teile von Menschen unsichtbar zu machen. Wie bei diesem Tennisspieler.

# ‚Motion Capture'

Bei der Erfassung von Bewegungen werden Bewegungsabläufe eines Schauspielers aufgezeichnet. Die so gewonnenen Informationen werden benutzt, um **computergenerierte** Figuren zu **animieren.**

Gollum aus „Der Herr der Ringe" ist computeranimiert.

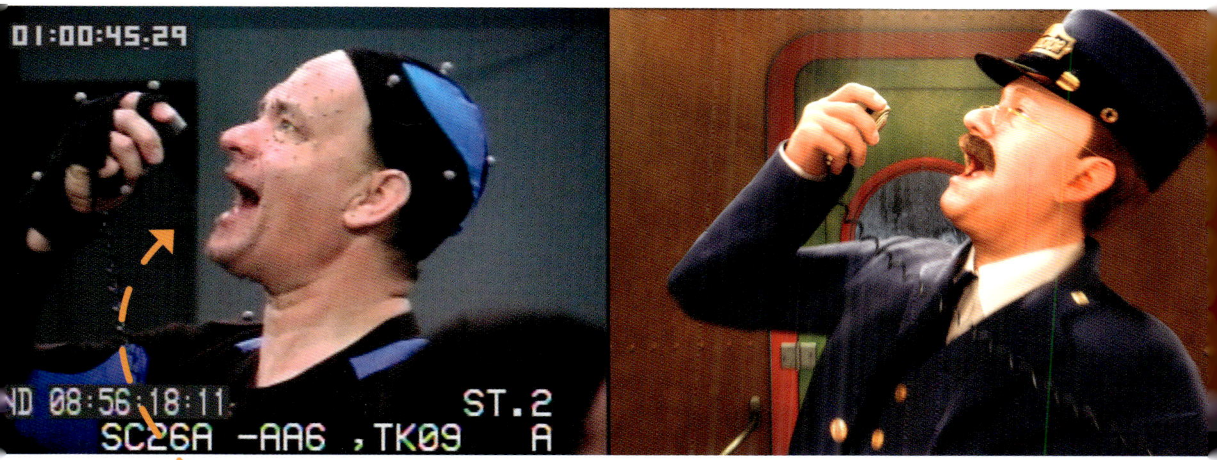


Ein Beispiel für ‚Motion Capture': Hier wird ‚Tom Hanks' gefilmt, um eine Figur für den Film „Der Polarexpress" lebendig werden zu lassen.

Mein Name ist Ed und ich bin zuständig für das **‚Motion-Capture'**-Verfahren. Letzte Woche mussten wir eine Schauspielerin als animierte Figur lebendig werden lassen. Zuerst befestigten wir Reflektoren an bestimmten Punkten ihres Körpers. Die Bewegungen der Schauspielerin mussten dabei von allen Seiten aus zu sehen sein.

Dann nahmen mehrere Spezialkameras die Schauspielerin auf, wie sie rannte, sprang und hüpfte. Mithilfe einer Software haben wir dann eine animierte Figur erschaffen.

## Erfolg!

In Kinofilmen wie ‚Happy Feet' wurde ‚Motion Capture' erfolgreich eingesetzt. Er gewann 2006 einen Oscar als bester Animationsfilm.

# „Animatronics“

**„Animatronics“** sind Roboter, die aus der Entfernung gesteuert werden können. Sie sind nützlich, wenn bestimmte Bewegungen gebraucht und eine spezielle Stimmung erzielt werden soll.

„Animatronics“ werden auch in vielen Freizeitparks verwendet, zum Beispiel im Hansa-Park.

Ich heiße Min und habe den tollsten Beruf der Welt. Vergangene Woche bekam meine „Animatronics“-Abteilung den Auftrag, einen Dinosaurier zu erschaffen. Wir beschlossen, den Körper aus **Latex** zu bauen, weil es weich und biegsam ist. Der Kopf wurde mithilfe einer Fernbedienung gesteuert.

Unsere Animationstechniker haben den Kopf gebaut. Er war voller Motoren und Armaturen, um Haut, Zunge, Maul, Auge, Kinnlade und natürlich den Kopf selbst zu bewegen. Das wird die **Nahaufnahmen** sehr realistisch wirken lassen.

## Weshalb Roboter?

Oft bevorzugen Schauspieler „animatronische“ Figuren gegenüber echten Tieren: Die Schauspieler müssen sich nicht vor ihnen fürchten und die Roboter wirken auch sehr lebendig.

Es steckt eine ganze Menge Arbeit in „animatronischen“ Figuren. Hier erstellen Techniker gerade die Haut für diesen Dinosaurier.

# Miniaturen

Manchmal ist es billiger und einfacher, ein Modell von etwas zu bauen. Denn natürlich ist es zum Beispiel nicht möglich, echte Brücken oder bekannte Gebäude in die Luft zu sprengen, um die Anforderungen eines Films zu erfüllen.

Ich heiße Nick und arbeite mit Miniaturen. Ich verbrachte die letzten beiden Monate damit, ein Mini-U-Boot für eine Filmkulisse anzufertigen. Ein echtes U-Boot ist ungefähr 200 m lang. Unser Modell maß 6,7 m. Die Filmemacher mussten es nahe der Wasseroberfläche filmen, denn in 90 m Tiefe gibt es kein Licht mehr. Um die Szene realistisch wirken zu lassen, wurde ein U-Boot-Modell benötigt.

## Modelle bauen

Modellbauer werden oft damit beauftragt, Miniatur-Versionen von verschiedenen Drehorten für Filme zu erschaffen. Mit ihrer Hilfe kann der Regisseur planen, wo zum Beispiel Kameras und Lampen platziert werden müssen.

# Übergroße Modelle

Übergroße Modelle werden normalerweise aus zwei Gründen benutzt: Überdimensionale Dinge können Menschen oder Filmfiguren kleiner wirken lassen, als sie eigentlich sind. Andererseits – weil sie größere und detailliertere Versionen einer Miniatur sind – können sie aus der Nähe gefilmt werden und wirken dabei immer noch realistisch.

Mein Name ist Chrissy und ich arbeite für eine Firma, die große **Requisiten** und Modelle herstellt. Erst vor Kurzem benötigte eine Filmgesellschaft Requisiten in einem riesigen Maßstab für einen Film, in dem auch einige sehr kleine Außerirdische vorkamen. Alles – Tassen, Teller, Tische, Stühle und Türen – musste so angefertigt werden, dass die Person, die sie benutzen würde, nur etwa 60 cm groß wirken würde.

Die Leute, die die Spezialeffekte für „Der Herr der Ringe“ gemacht haben, nannten diese riesigen Modelle „Bigaturen“.

Es ist unglaublich, wie derartige Requisiten einen Menschen größer oder kleiner wirken lassen können.

# Die Kunst der Maskenbildner

Prothesen sind künstliche Körperteile.
Im Film werden sie benutzt, wenn etwas stark verändert werden soll, zum Beispiel die Verwandlung eines Menschen in ein Monster oder einen Außerirdischen. Prothesen können aber auch sehr klein sein, wie zum Beispiel eine Nase, Zähne, Ohren, Augen oder Füße.

Dieser Außerirdische wurde mithilfe künstlicher Körperteile zusammengesetzt.

Ich heiße Tran, bin Maskenbildner und stelle Prothesen her. Letzte Woche musste ich Schauspieler mit einigen Verbrennungen versehen. Die Handlung des Films sah ein Feuer vor, in dem die Schauspieler gefangen waren. Dafür benutzte ich Latex, mit dem ich die Wunde auf der Haut des jeweiligen Schauspielers gestaltete. Danach trug ich Make-up auf, damit die Latex-Wunde von der echten Haut nicht zu unterscheiden war. Anschließend sahen die Verbrennungen ganz frisch aus.

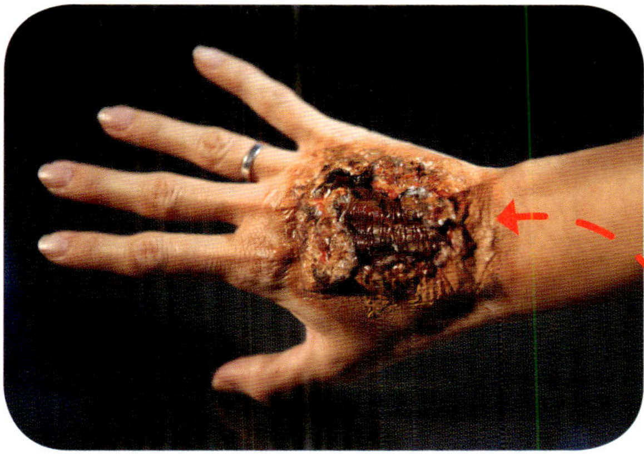

In der Maske werden Wunden und Verletzungen erschaffen.

## In der Maske

Worauf man beim Prothesen-Bau achten muss:

- nur ungiftige Materialien benutzen
- der Schauspieler muss sehen, atmen, sprechen und sich bewegen können
- alles muss gut fixiert sein
- wie sie angebracht und entfernt werden
- sie sollten (möglichst) mehrmals benutzbar sein

# Tolle Tricks beim Filmen

Damit Dinge realistisch wirken, braucht man für Filme manchmal auch Effekte, die die Umgebung betreffen. Stürme, Winde und Tricks mit Fluggeräten sind nur ein paar der Dinge, die von Spezialistenteams gefordert werden.

## Ich kann fliegen!

Diese Schauspieler werden gleich so tun, als würden sie fliegen.

Mein Name ist Linus und mir gehört eine Firma für Spezialeffekte.
Vergangene Woche hatten wir zwei Aufträge. Mein erster Auftrag war, einen Mann fliegen zu lassen.
Wir befestigten Sicherheitsdrähte an dem Schauspieler und verbanden diese mit einem System, das wie ein Flaschenzug funktioniert.
Die Szene wurde mit ‚Bluescreen' gedreht.

Sobald die Szene gefilmt war, wurde der Hintergrund hinzugefügt. In diesem Fall handelte es sich um einen Berg. Am Ende sah es so aus, als sei der Schauspieler während des Fluges aus einem Flugzeug gesprungen und würde versuchen, nach einem Auto zu greifen.

## Andere Tricks

Windmaschinen werden benutzt, um Luft auf den Schauspieler zu pusten, während er „fliegt". Auch die Bewegung seiner Haare und Kleidung erwecken den Eindruck, als würde er fliegen.

# Feuer und Schnee

Bei meinem zweiten Auftrag ging es darum, für eine ganz bestimmte Filmszene einen Schneesturm im Filmstudio zu erschaffen. Das war wesentlich billiger, als die Schauspieler an einen schneereichen Ort irgendwo auf der Welt zu bringen. Wir benutzten Kunststoff-Flocken und Salz und befestigten Plastikeiszapfen an den Türen und Fenstersimsen. Ventilatoren wirbelten den Schnee herum, während Kältemaschinen Unmengen von Eis erzeugten.

Spezielle Schutzkleidung wird bei dieser gefährlichen Feuerszene getragen, damit der **‚Stuntman'** nicht verletzt wird oder sich verbrennt.

Es ist schwer zu glauben, dass es außerhalb des Filmstudios heiß und sonnig ist.

## Feuer! Feuer!

Einer der ersten Filme, in denen man effektvoll ein riesiges Feuer einsetzte, war „Vom Winde verweht" (1939). Zum Glück ging nichts schief, denn der Filmemacher hatte nur einen Versuch, die Szene zu filmen. Nach sechs Minuten war alles vorüber und die ganze Anlage war bis auf den Grund niedergebrannt.

# Computeranimationen

Computeranimierte Bilder sind Aufnahmen, die mithilfe eines Computers gemacht worden sind.

Der Film „Futureworld' – Das Land von Übermorgen" aus dem Jahre 1976 war der erste Film, der mithilfe von 3-D-Bildern entstanden ist, die am Computer erzeugt worden sind.

Tiere „aus dem Computer"

Mein Name ist Alex und ich entwickle Computeranimationen. Heute Morgen musste ich ein 3-D-Modell eines Monsters auf dem Computer erzeugen – in diesem Fall einen großen Vogel.

Mithilfe der ‚Software' formte ich das Grundgerüst des Tieres nach meinen Vorstellungen. Als Nächstes fügte ich Muskeln hinzu, um dem Vogel Tiefe zu verleihen. Danach ergänzte ich schichtweise computergeneriertes Körpergewebe wie Knochen, Fett und Haut. Es war faszinierend zu sehen, wie der Vogel langsam zum Leben erwachte.

‚Steven Spielberg' feierte einige der größten Filmerfolge überhaupt, mit Filmen wie „Jurassic Park", „Monster House", „Der weiße Hai", „Indiana Jones" und „E.T. – Der Außerirdische". In all diesen Filmen kamen verblüffende Spezialeffekte zum Einsatz.

# Echt unecht!

Du wirst einen Film nie wieder auf die gleiche Art sehen, wenn du einmal versuchst herauszufinden, was in einem Film echt ist und was nicht. Die Vielfalt an Spezialeffekten wird ständig größer. Vielleicht werden die meisten Filme schon bald in 3-D zu sehen sein. Es ist eine aufregende Zeit für Filmfreunde. Außerdem macht es sehr viel Spaß zuzusehen, wie sie gemacht wurden.

# Worterklärungen

| | |
|---|---|
| „Animatronic“ | eine elektronisch oder mechanisch gesteuerte Figur |
| animieren | etwas scheinbar zum Leben erwecken |
| ‚Bluescreen‘ | Filmaufnahmeverfahren, bei dem alles vor einer blauen Leinwand aufgenommen wird. Im Film sind die Flächen, also auch der Hintergrund, nicht zu sehen. |
| computergeneriert | mithilfe des Computers erschaffen |
| Latex | eine Art Gummi, das flüssig in Form gebracht und anschließend gehärtet werden kann |
| ‚Motion Capture‘ | wörtlich: Bewegungserfassung. Die Bewegungen eines Schauspielers werden mithilfe eines Computers auf eine animierte Filmfigur übertragen. |
| Nahaufnahme | Einstellung, in der ein Objekt aus der Nähe gefilmt wird |
| Requisit | Gegenstand, der bei einer Filmszene verwendet wird |
| ‚Stuntman‘ | übernimmt in gefährlichen Szenen die Rolle einer Filmfigur als Doppelgänger |

# Stichwortverzeichnis


Außerirdische ........ 12, 14

‚Bluescreen‘ ........ 4, 5, 16

computergenerierte Figuren ........ 6, 7, 20, 21

Fernbedienung ........ 8

‚Greenscreen‘ ........ 4

künstliche Körperteile ........ 14, 15

Modelle ........ 10, 11, 12, 13

Reflektoren ........ 7

Requisiten ........ 12, 13

Roboter ........ 8, 9

unsichtbare Menschen ........ 5